Los planetas

Katie Gillespie

EYEDISCOVER

Ve a www.eyediscover.com e ingresa el código único de este libro.

CÓDIGO DEL LIBRO

AVS59882

EYEDISCOVER te trae libros mejorados por multimedia que apoyan el aprendizaje activo.

Published by AV² by Weigl
350 5th Avenue, 59th Floor New York, NY 10118
Website: www.eyediscover.com

Library of Congress Control Number: 2019936138

ISBN 978-1-7911-0794-9 (hardcover)

Printed in Guangzhou, China
1 2 3 4 5 6 7 8 9 0 23 22 21 20 19

042019
111918

English Editor: Katie Gillespie
Spanish Project Coordinator: Sara Cucini
Designer: Mandy Christiansen
Spanish/English Translator: Translation Services USA

Weigl acknowledges Getty Images and iStock as the primary image suppliers for this title.

EYEDISCOVER proporciona contenido enriquecido, optimizado para el uso en tabletas, que complementa este libro. Los libros de EYEDISCOVER se esfuerzan por crear un aprendizaje inspirado e involucrar a las mentes jóvenes en una experiencia de aprendizaje total.

Mira
El contenido de video da vida a cada página.

Navega
Las miniaturas simplifican la navegación.

Lee
Sigue el texto en la pantalla.

Escucha
Escucha cada página leída en voz alta.

Tu EYEDISCOVER con Seguimiento de Lectura Óptico cobra vida con...

Audio
Escucha todo el libro leído en voz alta.

Video
Los videos de alta resolución convierten cada hoja en un seguimiento de lectura óptico.

OPTIMIZADO PARA

- COMPUTADORES
- ¡Y MUCHO MÁS!

Los planetas

En este libro, aprenderás qué planeta

- está más lejos del sol
- tiene la montaña más alta
- es famoso por sus anillos

¡y mucho más!

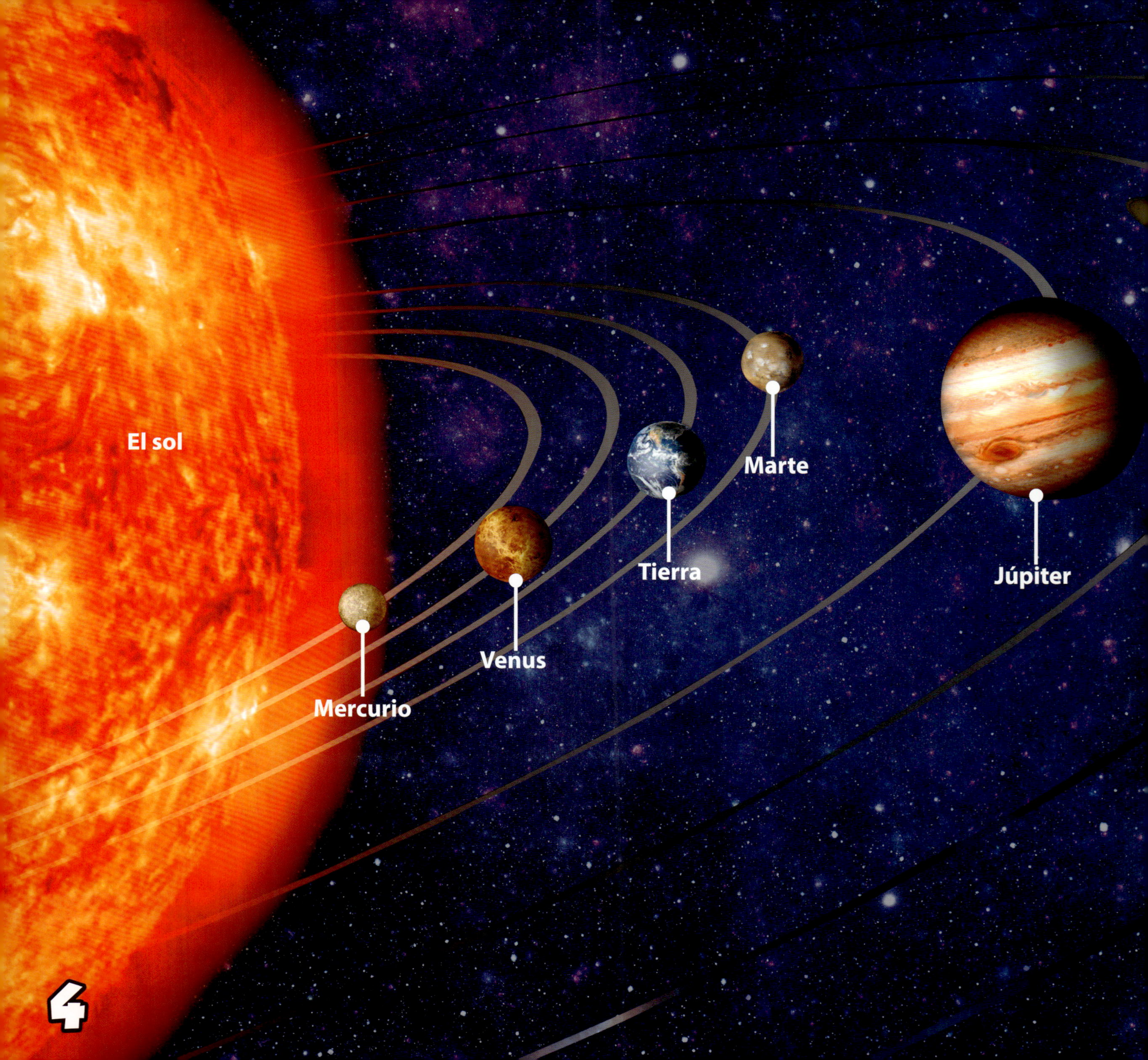
El sol
Mercurio
Venus
Tierra
Marte
Júpiter

Hay ocho planetas alrededor del sol: Mercurio, Venus, la Tierra, Marte, Júpiter, Saturno, Urano y Neptuno.

Mercurio es el planeta más cercano al sol. Por eso, es muy difícil verlo.

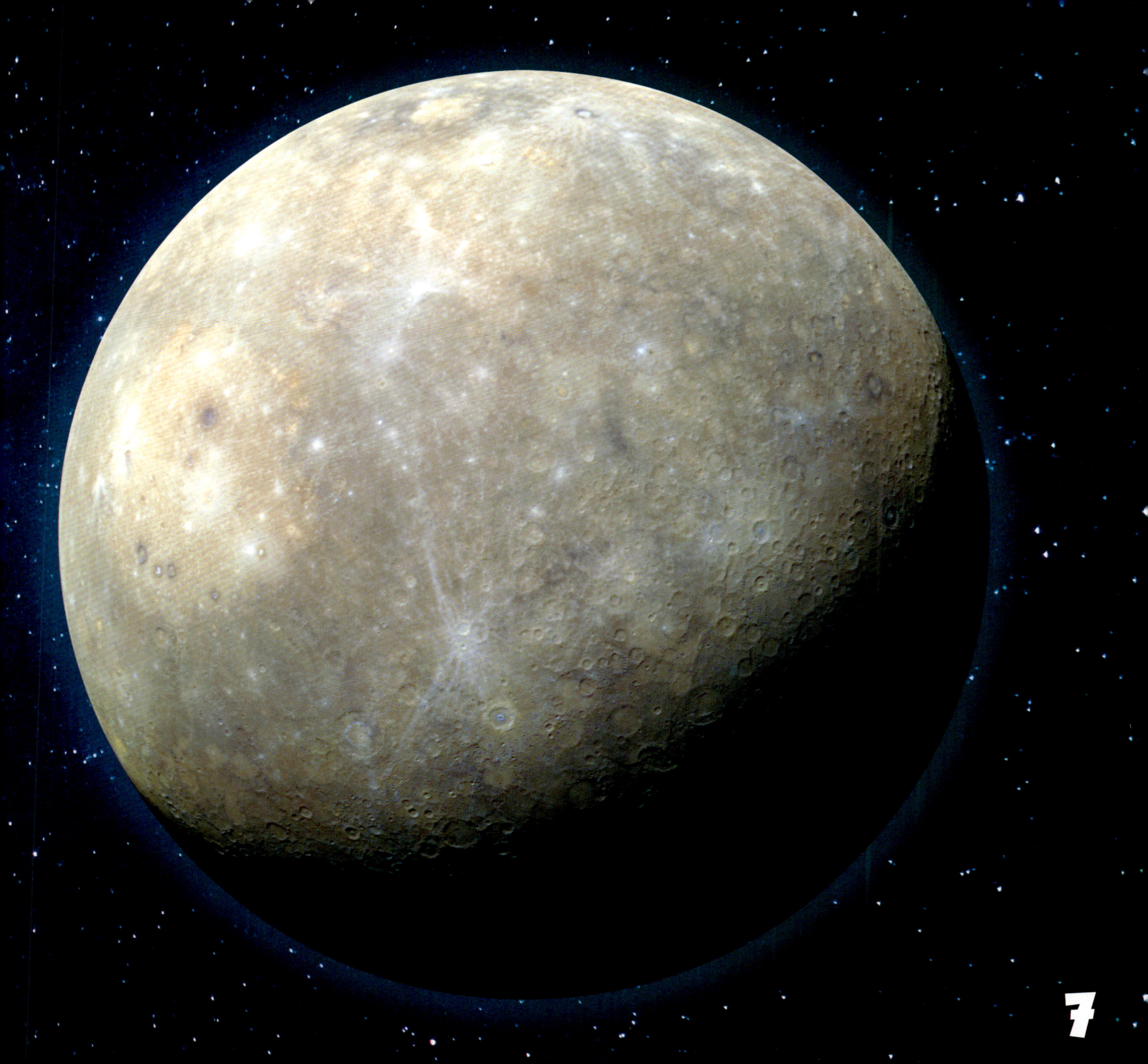

Venus es el más caliente. Es una de las cosas que más brillan en el cielo nocturno.

La Tierra es el único planeta que tiene vida. Esto se debe principalmente a que la Tierra tiene agua.

Marte tiene la montaña más alta del sistema solar. Es más de tres veces más alta que la montaña más alta de la Tierra.

Júpiter es el planeta más grande. Es tan grande que todos los demás planetas podrían caber en él.

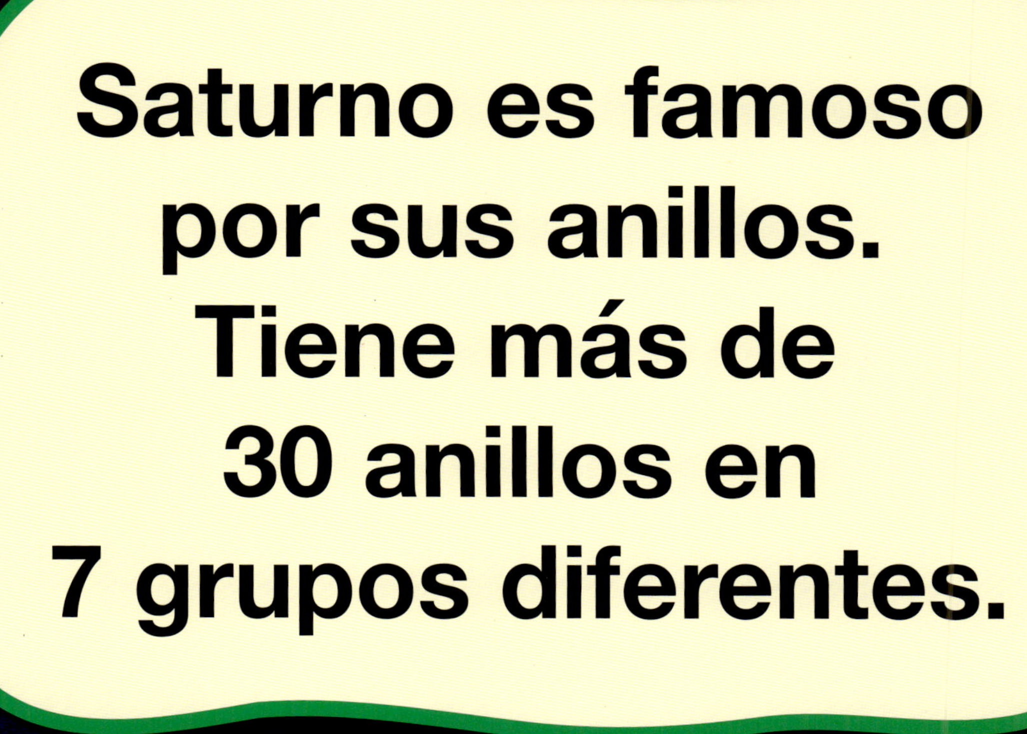

Saturno es famoso por sus anillos. Tiene más de 30 anillos en 7 grupos diferentes.

Urano es el único planeta
que está acostado.
Se mueve muy lentamente.

Neptuno es el planeta más frío y alejado del sol.

LOS PLANETAS EN NÚMEROS

La **Tierra** se formó hace **4.540 millones de años.**

Un **año en Mercurio** son solo **88 días** en la **Tierra.**

Venus tiene **más de 1.600 volcanes.** Esto es más que cualquier otro planeta.

Los **anillos de Saturno** son **largos** y muy **delgados**. Llegan a medir más de **75.000 millas** de **largo** (120.700 kilómetros), pero solo **66 pies** (20 metros) de **ancho**.

En un principio, se creía que **Urano** era un **cometa**, pero en **1781** se descubrió que era un planeta.

En **Marte**, una persona podría saltar **tres veces mas alto** que en la **Tierra**.

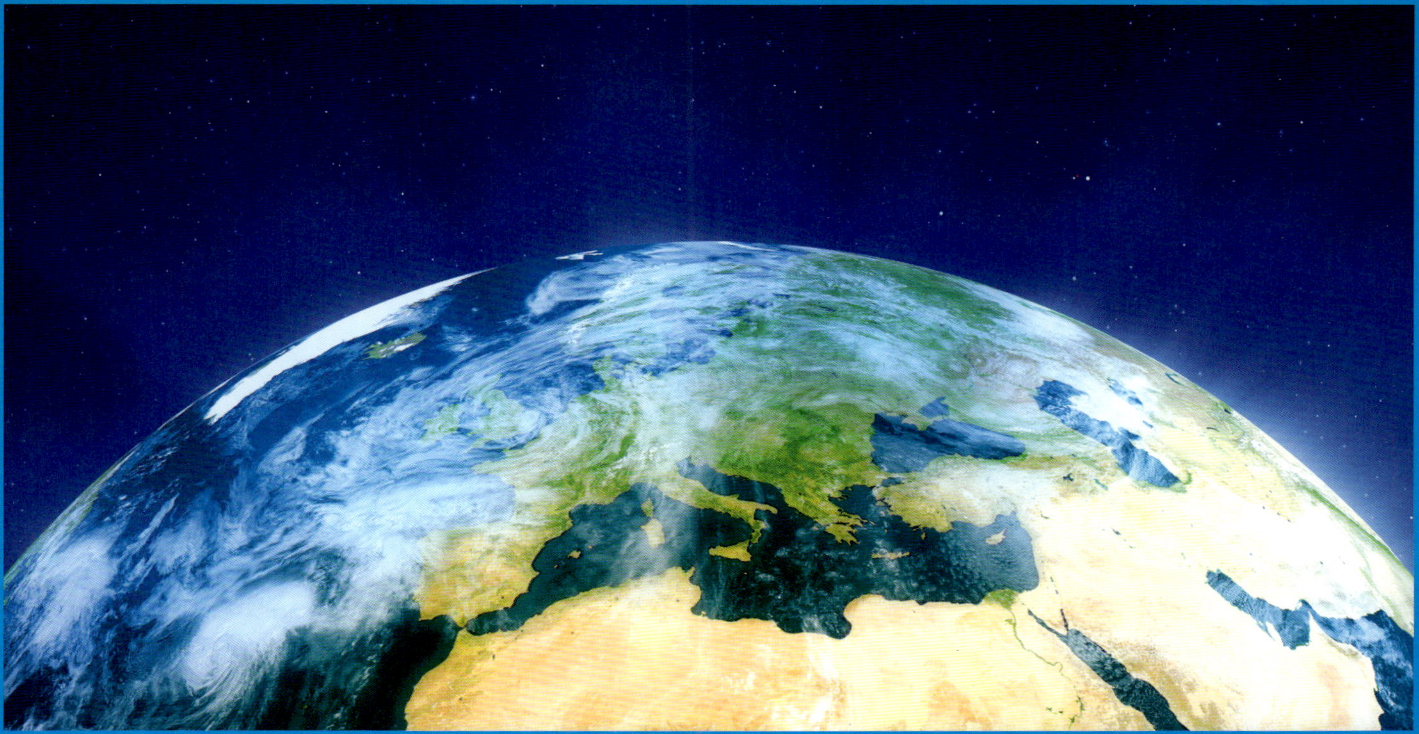

Mira
El contenido de video da vida a cada página.

Navega
Las miniaturas simplifican la navegación.

Lee
Sigue el texto en la pantalla.

Escucha
Escucha cada página leída en voz alta.

Ve a www.eyediscover.com e ingresa el código único de este libro.

CÓDIGO DEL LIBRO

AVS59882